Direction de la publication : Isabelle Jeuge-Maynart et Ghislaine Stora
Direction éditoriale : Stéphanie Auvergnat-Junique et Florence Pierron-Boursot
Édition : Claire Tenailleau
Responsable artistique : Laurent Carré
Textes : Agnès Besson
Jeux : Julie Kyndt
Illustrations : Alain Boyer
Création maquette et mise en pages : Ariane Derville
Révision rédactionnelle : La Machine à mots
Fabrication : Rebecca Dubois

D'après l'œuvre originale de Michel Gay
Producteurs de la série TV : Pierre Sissmann et Billy
Réalisateur de la série TV : Olivier Lelardoux

21, rue du Montparnasse
75006 Paris – France

ISBN : 978-2-03-589795-4
Imprimé en Italie par STIGE
Dépôt légal : octobre 2014
315293-01/11028937 – septembre 2014

Le livre des pourquoi ? de Zou

LAROUSSE

Dans ma chambre

Pourquoi bâille-t-on ?

Le **bâillement** est comme un petit signal envoyé par ton corps pour dire que tu es **fatigué**. Tu ouvres grand la bouche, tu respires fort, tes yeux picotent. Il faut te reposer.

Pourquoi j'ai parfois peur en me réveillant ?

Dans ton sommeil, tu fais des **rêves** agréables. Mais il arrive que tu fasses des **cauchemars**, de **mauvais rêves** qui font peur. Un câlin avec tes parents et te voilà rassuré !

Pourquoi je dois faire la sieste ?

Pendant la journée, ton cerveau et ton corps dépensent beaucoup d'énergie pour apprendre, jouer, bouger. **Bien dormir** est important pour **être en forme** et grandir.

Pourquoi c'est bien de jouer avec les autres ?

Quand on est petit, on n'a pas toujours envie de prêter ses **livres** ou ses **jouets**. En grandissant, on trouve du **plaisir à partager** et à jouer avec les autres.

Tout propre !

Pourquoi faut-il se laver tous les jours ?

Chaque jour, tu transpires, tu te salis. En te lavant avec du savon, tu deviens tout **propre**, tu élimines les **microbes** qui peuvent te rendre malade et tu sens bon !

Pourquoi je dois me brosser les dents ?

Après les repas, des petits morceaux de nourriture restent coincés entre les **dents**. Il faut bien les brosser. Sinon gare aux **caries**, des petits trous dans les dents !

Pourquoi les poux s'installent sur ma tête ?

Les **poux** sont de toutes **petites bêtes** qui aiment se mettre dans les cheveux et donnent envie de se **gratter**. Pour s'en débarrasser, on utilise un shampooing spécial.

Pourquoi doit-on se couper les ongles ?

Régulièrement, tes parents te coupent les **ongles**. Avec des ongles courts, tes mains sont bien **plus propres** et tu ne risques pas de te griffer ou de griffer les autres.

À table !

Pourquoi je ne peux pas manger seulement des frites et des bonbons ?

Pour être en **bonne santé**, tu as besoin de viande, de poisson, de lait pour des os solides, de fruits et de légumes pour les vitamines, de pain, de pâtes, de riz... pour **l'énergie**.

Pourquoi faut-il manger plusieurs fois dans la journée ?

Pour être **en forme** du matin au soir, il te faut un **petit déjeuner** complet pour démarrer la journée, un bon **déjeuner**, un **goûter** bien équilibré et un **dîner** léger.

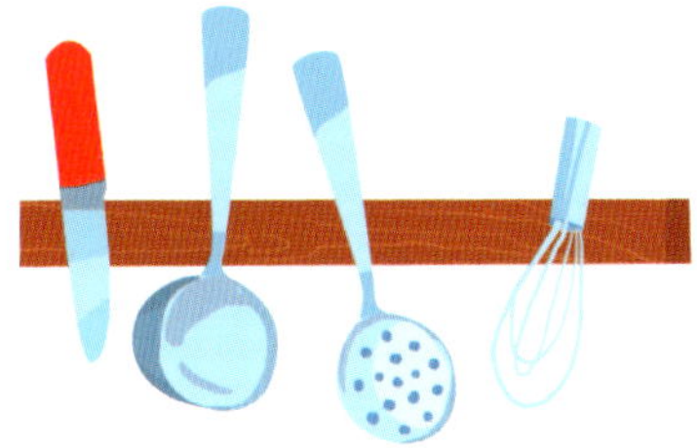

Pourquoi je me fais gronder quand je cours dans la cuisine ?

Dans la cuisine, tu dois faire **attention** : tu peux te **brûler** avec la porte du four ou les casseroles. Et tu ne dois **jamais** toucher les couteaux car tu te couperais.

Pourquoi faut-il boire souvent ?

Notre corps contient **beaucoup d'eau**. On en perd en respirant, en courant, en transpirant, et plus encore quand il fait chaud. C'est essentiel de **boire souvent** dans la journée.

Quel bazar !

Cherche et trouve dans ce décor un livre, des cubes de construction, un cartable, une petite voiture et un ballon.

Solutions : Quel bazar ! Le livre est sous la table de chevet, les cubes sont sur le cadre-photo, le cartable est suspendu au plafond, la voiture est sur le sol et le ballon est dans l'étagère.

2 Dans la salle de bains

Aide Zou à retrouver sa brosse à dents : ce n'est pas la plus à gauche, ses poils sont bicolores et son manche a des rayures.

3 À table !

Combien d'aliments sucrés comptes-tu ? 2 9 5

Solutions : Dans la salle de bains • C'est la brosse à dents verte qui appartient à Zou. Et toi, te brosses-tu bien les dents trois fois par jour ?
À table ! Il y a cinq aliments sucrés : le biscuit, le bonbon, la pomme, la tablette de chocolat et le yaourt. Le sucré est l'une des quatre saveurs avec l'acide (citron), l'amer (endive) et le salé (fromage, charcuterie).

En pleine forme

Pourquoi je tiens debout ?

C'est ton **squelette** formé de **nombreux os** qui te permet de tenir debout. Sans lui, ton corps serait tout mou. Si un de tes os se casse, le médecin pose un **plâtre** et il se répare.

Pourquoi j'ai des dents ?

Sans tes dents, impossible de manger ! Tu en as besoin pour **couper, déchirer et broyer** les aliments. Petit à petit, tes dents de lait seront remplacées par des **dents définitives**.

Pourquoi je vais aux toilettes ?

Régulièrement, tu as besoin de boire et de manger. Ton corps ne garde que **ce qui est bon** pour lui et **élimine les déchets** quand tu vas aux toilettes faire caca et pipi.

Pourquoi je sais ce qui se passe autour de moi ?

C'est grâce à tes **cinq sens** : tu vois avec tes **yeux**, tu entends avec tes **oreilles**, tu sens avec ton **nez**, tu goûtes avec ta **langue**, tu touches avec ta **peau**.

Je grandis

Pourquoi je n'ai pas les cheveux frisés ou un petit nez ?

Nous sommes tous faits **pareils**. Pourtant, chacun de nous est **différent** des autres : fille ou garçon, grand ou petit, avec des **cheveux** raides ou frisés, des **yeux** bleus, verts, marron…

Pourquoi mon corps bouge tout seul ?

C'est ton **cerveau** dans ta tête qui **commande tout ce que tu fais** : respirer, penser, parler, bouger… Ton cerveau **ne s'arrête jamais** même quand tu es en train de dormir.

Pourquoi je grandis ?

À la **naissance**, tu étais un petit bébé. Depuis, ton corps ne cesse de **grandir**, de changer et tu sais faire de plus en plus de choses. Tu **grandis** pour devenir un **adulte**.

Pourquoi j'ai parfois envie de pleurer ?

Ton corps et ton visage montrent ce que **tu ressens**, tes **émotions** : quand tu es **triste**, tu as besoin de pleurer. Il t'arrive aussi de **sauter de joie** ou de rougir de colère.

Les petits bobos

Pourquoi je me fais des bosses ?

Aïe ! Tu te **cognes** ou tu **tombes**. Un peu de sang s'échappe des **petits vaisseaux** sous ta peau et forme un **bleu**. Sur la tête, ta peau **gonfle** et une **bosse** apparaît.

Pourquoi j'ai plein de boutons partout ?

Te voilà couvert de **petits boutons rouges** de la tête aux pieds ! Tu as la **varicelle**, une maladie **contagieuse** qui se transmet facilement aux autres.
Surtout, **ne gratte pas** !

Pourquoi je suis parfois malade ?

Tu te sens mal, tu **frissonnes**, tu as de la **fièvre**. Ton corps est attaqué par des **microbes**. Le **docteur** t'ausculte et te prescrit des médicaments pour **guérir vite**.

Pourquoi je dois me faire vacciner ?

Les **vaccins** te protègent et t'évitent d'attraper des **maladies graves**. Le docteur te fait une **petite piqûre**. Ne t'inquiète pas ! C'est vite fini et tu ne sens presque rien.

1 La petite souris va passer !

Montre le personnage qui a perdu le plus de dents de lait.

2 Sens dessus dessous

Relie chacun des cinq sens à l'illustration la plus appropriée.

Solutions : La petite souris va passer ! En tout, chaque enfant a 20 dents de lait : 8 incisives, 4 canines et 8 molaires. Sur ces dessins, c'est le personnage A qui a perdu le plus de dents (3). **Sens dessus dessous** • A5. B3. C4. D1. E2. L'œil est l'organe de la vue. L'oreille est l'organe de l'ouïe. La peau est l'organe du toucher. La langue est l'organe du goût. Le nez est l'organe de l'odorat.

3 Les sœurs jumelles

Charlotte et Capucine se ressemblent beaucoup, mais 5 différences permettent de les reconnaître. Les vois-tu ?

4 Les petits bobos

Montre à Zou comment soigner une égratignure dans le bon ordre.

1

2

3

Solutions : Les sœurs jumelles • Contrairement à Capucine, Charlotte (à gauche) a une jupe à pois, deux boutons et un col à son chemisier. Capucine (à droite) a un nœud dans les cheveux et un bracelet. **Les petits bobos** • 3-2-1. Pour soigner une égratignure, on commence par nettoyer la plaie en la plaçant sous de l'eau froide ou tiède pour évacuer les petites saletés. Puis, on désinfecte à l'aide d'un antiseptique et on recouvre la plaie d'un pansement. Voilà, c'est fini !

Une ville en mouvement

Pourquoi y a-t-il beaucoup de bruit sur le chantier ?

Sans cesse, la ville s'agrandit. Sur le **chantier** d'un nouvel immeuble, l'équipe manœuvre de gros **engins** qui **creusent** la terre, **soulèvent et transportent** des matériaux.

Pourquoi va-t-on au marché ?

Le jour du marché, les **commerçants** installent leurs **étals** de fruits, de légumes ou de poisson frais. On y vient pour **faire ses courses** et aussi pour se promener.

Pourquoi je n'ai pas le droit de courir dans la rue ?

Du matin au soir, des voitures, des bus, des motos circulent dans les rues. À pied, tu dois toujours **donner la main à un adulte** et traverser sur les **passages piétons.**

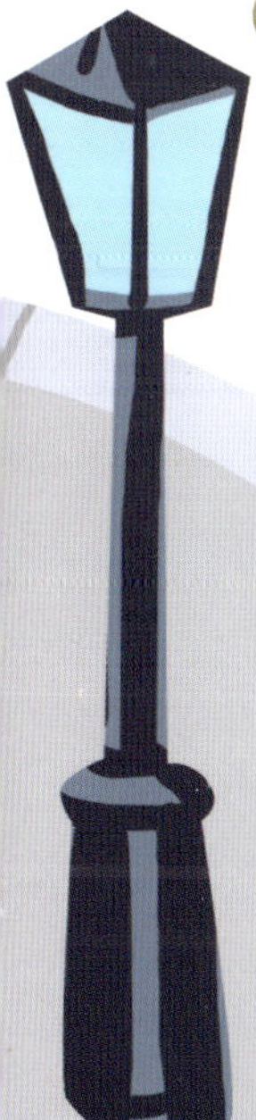

Pourquoi tout le monde ne dort pas la nuit ?

Pendant que tu dors, la ville est encore pleine de vie. Les gens sortent au **restaurant**, **au cinéma, au théâtre**. Des médecins, des policiers, des boulangers **travaillent la nuit**.

Vive les loisirs !

Pourquoi y a-t-il des parcs en ville ?

Au parc, on **se promène** au milieu des arbres, on **joue au ballon**, on glisse sur le toboggan, on se fait de nouveaux amis. Ça fait du bien de **se détendre** et de **s'amuser**.

Pourquoi on va à la piscine ?

À la piscine, quand on est petit, on est content de **sauter, jouer, flotter** avec ses brassards à côté de papa ou maman. En grandissant, on est fier d'**apprendre à nager.**

Pourquoi je dois parler doucement à la bibliothèque ?

La bibliothèque est un endroit **calme** où tu viens pour **écouter une histoire ou regarder des livres**. Alors, pas question de courir ou de crier !

Pourquoi c'est bien de faire du sport ?

À la **baby-gym,** tu sautes, tu roules, tu grimpes, **au mini-tennis**, tu cours, tu joues avec des balles en mousse... **Pratiquer un sport**, c'est amusant et c'est **bon pour ton corps.**

En visite à la ferme

Pourquoi le fermier est-il souvent sur son tracteur ?

Le tracteur sert à tout dans une ferme : **transporter la paille** ou le foin pour les animaux, **tirer la charrue** pour labourer, **tirer la semeuse** pour semer les graines...

Pourquoi le coq réveille tout le monde ?

Cocorico ! Dès le petit matin, le coq se fait entendre et montre qu'il est le **roi de la basse-cour**. Il aime chanter toute la journée au milieu des poules et des poussins.

Pourquoi les cochons se roulent-ils dans la boue ?

Si les cochons se roulent dans la boue, ce n'est pas parce qu'ils sont sales ! La boue les **rafraîchit, les protège** des insectes et aussi des rayons du soleil.

Pourquoi la vache produit-elle du lait ?

La vache donne du **lait** quand elle a fait naître un petit veau. Deux fois par jour, c'est l'heure de **la traite.** Avec le lait, on fabrique des yaourts, du fromage, du beurre...

1 Attention à la panne

Aide Tante Zelda à rejoindre la maison de Zou pour lui rendre visite.
Il faut passer par tous les feux verts.

2 À la bibliothèque

Cette fillette a le droit d'emprunter 5 livres. Combien peut-elle encore en choisir ?

3 Drôle d'engin

Relie les points de 1 à 10 pour savoir ce que le papa de Zou lui montre.

Solutions : À la bibliothèque • Cette fillette a déjà choisi 2 livres. Elle peut encore en emprunter 3 pour en avoir 5 au total.
Drôle d'engin • Le papa de Zou lui montre un tracteur. Cet engin permet d'aller travailler dans les champs.

Mes animaux familiers

Pourquoi le chien remue la queue ?

Ton chien sautille, aboie et remue la queue en se dandinant ? C'est qu'il est excité, content de **te retrouver**. Il a sûrement envie de **dépenser son énergie** et de jouer.

Pourquoi le chat ronronne-t-il ?

Le chat aime **s'installer en boule** sur les genoux de son maître et se faire caresser. Il se sent bien et **ronronne** de plaisir. Il ronronne aussi pour **demander à manger**.

Pourquoi le lapin nain mange souvent ?

Le lapin nain a besoin de **boire beaucoup d'eau** et de manger du foin, de l'herbe et des légumes frais en petites quantités **tout au long de la journée**.

Pourquoi le cochon d'Inde aime les câlins ?

Des caresses, des bisous, **des grattouilles** dans le cou, le cochon d'Inde en est fou. Blotti dans les bras de son maître, il est **rassuré** et sent qu'on s'occupe de lui.

Les animaux géants

Pourquoi la girafe ne fait-elle pas de bruit ?

La girafe n'est pas muette, mais elle est plutôt **discrète**. Elle produit rarement des sons et préfère **communiquer** par des **mouvements** avec sa tête ou son cou.

Pourquoi la baleine bleue crache de l'eau ?

Cette géante des mers n'est pas un poisson, mais un **mammifère**. Elle remonte souvent **respirer à la surface** et rejette l'eau par son **évent**, le trou situé sur la tête.

Pourquoi l'éléphant se sert beaucoup de sa trompe ?

Avec sa **trompe**, l'éléphant est capable de tout faire : **attraper** la nourriture, **arracher** un arbre, **aspirer** l'eau pour boire ou **s'arroser**, **sentir** les odeurs et bien sûr **respirer**.

Pourquoi les dauphins suivent les bateaux ?

Portés par les **vagues** créées par les bateaux, les dauphins **se déplacent vite** et sans effort. Très joueurs, ils aiment faire des **pirouettes** près des embarcations.

Les petites bêtes

Pourquoi l'araignée tisse une toile ?

L'araignée est une **excellente chasseuse**. Sa toile de soie fine, solide et collante, sert de **piège** et lui permet d'attraper les petits insectes dont elle se nourrit.

Pourquoi l'escargot se cache dans sa coquille ?

À l'abri dans sa coquille, l'escargot **se protège des dangers** et de la chaleur. En hiver, il bouche l'entrée avec sa **bave** et dort en attendant le **printemps**.

Pourquoi les moustiques me piquent ?

Seule la **femelle moustique** pique. Elle ne te pique pas pour t'embêter mais pour prendre **un peu de sang** qui lui permet de fabriquer et de pondre ses œufs.

Pourquoi l'abeille butine les fleurs ?

L'abeille **butine** les fleurs pour se nourrir. Avec le **nectar sucré** qu'elle aspire dans sa bouche, elle fabrique **le bon miel** dont tu te régales au petit déjeuner.

1 Où est ma maman ?

Relie chacun de ces bébés animaux à sa maman.

2 Alerte intrus

Elzée fait un beau dessin. Mais un de ces animaux n'a rien à faire ici. Le vois-tu ?

Solutions : Où est ma maman ? A3-B5-C2-D1-E4.

Alerte intrus : Le manchot empereur n'a rien à faire dans la savane. C'est un animal qui vit en Antarctique.

3 La vie de la ruche

Vois-tu la reine des abeilles ?

4 Poids plume

Classe ces animaux du plus léger au plus lourd.

Solutions : La vie de la ruche • La reine est située au milieu, elle est un peu plus grosse que les abeilles. Elle pond les œufs. C'est la mère de presque toutes les abeilles de la ruche. **Poids plume** • B•E•C•D•A. La baleine est le plus gros animal sur Terre. Elle pèse environ 150 tonnes (soit le poids de 30 éléphants !)

Pourquoi les fleurs sentent bon ?

Le **parfum** des fleurs sert à attirer les insectes. En **butinant** de fleur en fleur, ils transportent le **pollen** et permettent la naissance de nouvelles fleurs.

Pourquoi l'herbe est-elle verte ?

L'herbe comme la plupart des plantes contient une matière verte, la **chlorophylle**. La chlorophylle transforme **l'énergie** de la lumière en **nourriture** pour la plante.

Pourquoi les arbres poussent-ils ?

Comme toi, les arbres sont vivants. Ils naissent d'une petite **graine** et, grâce à leurs **racines** sous la terre, à la présence de lumière, d'air et d'eau, ils grandissent.

Pourquoi les feuilles tombent en automne ?

Des températures plus **fraîches**, moins de lumière, c'est le signal pour l'arbre : il doit se débarrasser de ses feuilles et garder son **énergie** pour affronter l'hiver.

En haut de la montagne

Pourquoi y a-t-il beaucoup de sapins ?

Les sapins et les épicéas sont bien adaptés à l'**altitude**. Avec leur forme pointue et leurs aiguilles, ils résistent **au froid** et au **poids de la neige**.

Pourquoi je ne peux pas cueillir les fleurs ?

Au printemps et en été, la montagne se couvre de **jolies fleurs** colorées. Ne les cueille pas, elles sont bien plus belles là-haut et beaucoup sont **rares et protégées**.

Pourquoi la neige tombe en montagne ?

Quand il fait très froid, les petites gouttes d'eau dans les nuages se transforment en **cristaux de glace**. Ces cristaux de glace grossissent et tombent en jolis flocons blancs.

Pourquoi la neige ne fond pas à certains endroits ?

Au sommet des plus hautes montagnes, il fait **si froid** que la neige, tombée en grande quantité, reste toute l'année, même en été. Ce sont les « **neiges éternelles** ».

Au bord de la mer

Pourquoi je dois me protéger du soleil ?

En été au bord de la mer, **le soleil brûle** très fort. Pour **te protéger**, tu dois porter un chapeau, des lunettes de soleil et mettre **souvent** de la crème solaire.

Pourquoi y a-t-il du sable sur la plage ?

Le sable est formé de tout **petits morceaux de rochers**, de coquillages, cassés, usés et transportés par la mer. Avec le sable mouillé, tu peux faire de **jolis pâtés**.

Pourquoi la mer fait des vagues ?

En **soufflant sur la mer**, le vent fait apparaître des vagues à la surface de l'eau. Plus il souffle fort, plus les vagues montent et **se creusent** !

Pourquoi l'eau de mer pique-t-elle ?

Pas très agréable de **boire la tasse** quand on se baigne dans la mer ! C'est parce que **l'eau de mer est salée** qu'elle a ce drôle de goût et pique les petits bobos sur la peau.

Les cartes postales

Ces cartes ont l'air complètement identiques.
Pourtant, elles comportent 5 différences. Les vois-tu ?

Solutions : Les cartes postales • Sur la carte postale du bas, les fleurs sont rouges, le seau est jaune, la tente est bleue et il y a un sac vert et des plantes en plus.

2 La bonne ombre

Quelle est l'ombre exacte de ces fleurs rouges ?

3 Les feuilles jumelles

Une seule de ces feuilles n'est pas en double. La vois-tu ?

Solutions : La bonne ombre • L'ombre exacte de ces fleurs est l'ombre E. **Les feuilles jumelles** • C'est la feuille 7 qui n'est pas en double.